LUZES NA SELVA

Catalogação na Fonte
Elaborado por: Josefina A. S. Guedes
Bibliotecária CRB 9/870

R396l
2019

Renaux, Sigrid
Luzes na selva / Sigrid Renaux. - 1. ed. - Curitiba: Appris, 2019.
141 p. ; 21 cm

Inclui bibliografias
ISBN 978-85-473-2601-2

1. Poesia brasileira. I. Título.

CDD – 869.1

Editora e Livraria Appris Ltda.
Av. Manoel Ribas, 2265 – Mercês
Curitiba/PR – CEP: 80810-002
Tel: (41) 3156 - 4731
www.editoraappris.com.br

Printed in Brazil
Impresso no Brasil

Sigrid Renaux

LUZES NA SELVA

Editora Appris Ltda.
1.ª Edição - Copyright© 2019 do autor
Direitos de Edição Reservados à Editora Appris Ltda.

Nenhuma parte desta obra poderá ser utilizada indevidamente, sem estar de acordo com a Lei nº 9.610/98. Se incorreções forem encontradas, serão de exclusiva responsabilidade de seus organizadores. Foi realizado o Depósito Legal na Fundação Biblioteca Nacional, de acordo com as Leis nos 10.994, de 14/12/2004, e 12.192, de 14/01/2010.

FICHA TÉCNICA

EDITORIAL	Augusto V. de A. Coelho
	Marli Caetano
	Sara C. de Andrade Coelho
COMITÊ EDITORIAL	Andréa Barbosa Gouveia (UFPR)
	Jacques de Lima Ferreira (UP)
	Marilda Aparecida Behrens (PUCPR)
	Ana El Achkar (UNIVERSO/RJ)
	Conrado Moreira Mendes (PUC-MG)
	Eliete Correia dos Santos (UEPB)
	Fabiano Santos (UERJ/IESP)
	Francinete Fernandes de Sousa (UEPB)
	Francisco Carlos Duarte (PUCPR)
	Francisco de Assis (Fiam-Faam, SP, Brasil)
	Juliana Reichert Assunção Tonelli (UEL)
	Maria Aparecida Barbosa (USP)
	Maria Helena Zamora (PUC-Rio)
	Maria Margarida de Andrade (Umack)
	Roque Ismael da Costa Güllich (UFFS)
	Toni Reis (UFPR)
	Valdomiro de Oliveira (UFPR)
	Valério Brusamolin (IFPR)
ASSESSORIA EDITORIAL	Bruna Fernanda Martins
REVISÃO	Thalita Martins da Silva
PRODUÇÃO EDITORIAL	Lucas Andrade
ASSISTÊNCIA DE EDIÇÃO	Suzana vd Tempel
DIAGRAMAÇÃO	Andrezza Libel
CAPA	Matheus Miranda
ILUSTRAÇÃO	Rugendas, J. M. - Paisagem da selva tropical brasileira, 1831. Óleo sobre tela, 19,35 cm x 15,89 cm.
COMUNICAÇÃO	Carlos Eduardo Pereira
	Débora Nazário
	Karla Pipolo Olegário
LIVRARIAS E EVENTOS	Estevão Misael
GERÊNCIA DE FINANÇAS	Selma Maria Fernandes do Valle

À minha família.

A PALAVRA AMIGA VICEJA SEM CESSAR NOS RECANTOS DA ALMA

Mail Marques de Azevedo

Poemas existem para serem lidos, ouvidos e interpretados. Lemos no poema minimalista de Sigrid Renaux uma relação de confiança amorosa entre a poeta e a palavra. A palavra floresce com viço no mais recôndito das grandes almas que a colhem para entretecer poesia. Como leitora estou inclinada a optar por uma leitura simplista de "amiga" não como qualificativo, mas como aposto de "palavra", a fim de pôr em destaque os laços de amizade que me ligam à poeta de *Luzes na selva*.

Em que pese a diferença mínima de trinta e cinco dias que a faz mais idosa do que eu – lembrada jocosamente sempre que se apresenta ocasião – foi Sigrid Renaux quem me iniciou nos segredos da abordagem linguística da poesia, que permite ao leitor descobrir coisas por esforço próprio.

Tal é o recurso ao paralelismo, cuja importância como traço da linguagem poética mereceu de Gerard Manley Hopkins o comentário de que o artifício da poesia reduz-se ao princípio do paralelismo. Não se trata de repetição pura e simples, mas de elementos de identidade e de contraste:

> o sol assediou a folha
> a folha assimilou o sol
> e a neblina envolveu as árvores adormecendo-as

O paralelismo sintático, em que se inverte a posição de "sol" e "folha" como sujeito e objeto do verbo, somado ao duplo paralelismo sonoro – a rima e a consonância em "assediou" – "assimilou"

– coloca em destaque a arte da poeta. Em três versos breves leva o leitor a partilhar de sua visão do efeito vivificante do sol sobre o arvoredo, envolvido aos poucos pela neblina que o faz desaparecer num efeito de sonho.

Não se espera de *Luzes na selva* confissões intimistas, mas lá está a poeta revelando quem é:

> sou o que vejo
>> as folhas ao vento
>> o universo azul
>> o sol nas estrelas

No plano da poesia, é clara a identificação imanente da poeta com a natureza. Mescla-se nela um amálgama de folhas embaladas pelo vento, da vastidão do universo e da coloração do azul. Este amalgama é interrompido subitamente, no poema seguinte, pelo plano de sua existência como escritora, uma artífice da língua, cujos instrumentos, por vezes, fogem a seu controle:

> vírgula
>> ponto que escorregou
>>> ,

A par das referências aos espaços infinitos, *Luzes na Selva* se constrói com elementos prosaicos da vida: a casa, o jardim, o cachorro no quintal, a água, a chuva, tudo transformado em poesia.

A chuva violenta desfolhou as bougainvilleas que cobrem o muro de entrada:

a ventania levou as bougainvilleas
>> pétalas sobre a grama
>>> agora fitando o sol

Parece-nos ver a poeta fitando com olhos compreensivos, através das janelas da sala, o pequeno joão-de-barro que bica apressado a ração do enorme labrador da família, profundamente adormecido. A apreciação serena de todas as manifestações da vida dos seres vegetais e animais, que destaca a produção poética de Sigrid Renaux, estende-se às pessoas com quem cruza em seu caminho nas caminhadas pelo bairro, em busca dos espaços mais amplos exigidos por sua natureza ativa. Ao longo das calçadas, cumprimenta o guardador de carros, que lhe faz confidências. Está desempregado, mas tem vontade de voltar a estudar e completar o segundo grau. Depois de incentivá-lo a não desistir de seus sonhos, continua a caminhada: duas ervas entre as pedras parecem aguardar os caminhantes. Ainda estarão lá, no final da tarde?

A análise da topografia do espaço poético revela muito no sentido de identificar a voz do eu lírico e a temática dos poemas. No espaço urbano, a voz se torna inconsolável com o sofrimento dos seres vivos: as aroeiras sofrem "rasgadas por fios de luz" e num gesto desconsolado deixam cair os "braços" ao encontro das calçadas. Comprimido entre prédios, um pinheiro é mero resquício dos pinheirais que já recobriram planícies e planaltos, ou da selva tropical exuberante da ilustração de Rugendas, que figura no livro.

O olhar poético sobre o mundo acompanha Sigrid em seus deslocamentos, para lugares próximos ou distantes, na visão grandiosa da Cordilheira dos Andes ou da figura exígua da salamandra que se esgueira apressada. Para ela tudo é assunto para poesia, o que se evidencia no volume de sua produção poética, desde *De sons e silêncios*, em 2011. A aceitação plena e tranquila da vida que caracteriza a produção poética de minha amiga, Sigrid Renaux, é igualmente fonte de serenidade e equilíbrio para os que desfrutam da leitura de seus poemas.

na selva das palavras
acendem-se luzes
rompendo o mistério da criação

florestas submersas
flutuam num aquário
encantando os peixes

serpentes ao vento
os ramos dos salgueiros
ondulam nas águas do verão

vento
ondas brancas descambando
em praia azul

LUZES NA SELVA

árvores antigas
bromélias em troncos verde-musgo
jardins suspensos agora

envolvendo a lâmina da lua
uma neblina azul
ondeava sobre o mundo

através das vidraças
flutuando ao vento
as noivinhas-brancas surgem cintilantes
ao sol da manhã

radiosas ao sol da tarde
as folhas da pitangueira
agitam seus verdes ao vento

inconsoláveis

as aroeiras rasgadas por fios de luz
alastram seus braços
ao encontro das calçadas

canto
    alma do sabiá
        encantando o dia

                silenciando a noite

ainda te vejo
    bem-te-vi
        imagem impregnada na calçada
            olhar perdido no além

asas-pétalas
        brancas negras
            a mariposa revela suas flores
                    adormecidas

folhas acenando
os pessegueiros contemplam o passar das nuvens
em jornada pelo azul

um rufar de asas entre verdes
um chilrear de pombas e rolas
abrigam-se sob as jabuticabeiras

ao longo das calçadas de domingo
caminha o guardador de carros
entre sombras de árvores
e canções dos fiéis

matizes do mesmo verde
    duas ervas entre as pedras da calçada
        aguardam os caminhantes

sou o que vejo

as folhas ao vento
o universo azul
o sol nas estrelas

vírgula
ponto que escorregou

,

raízes
      imagens invertidas
          forças submersas distendem ramos
               sustentando o solo

sabiás
canções incansáveis
criando verões
intermináveis

submissa ao sol
    a folha de sambaíba em sonhos
        semeava sombras sobre a terra

irresistíveis ao vento
os manacás-da-serra reverberam
aromas sons luzes
em balanceios verdes e brancos

LUZES NA SELVA

a palavra amiga
viceja sem cessar
nos recantos da alma

o sol assediou a folha
a folha assimilou o sol
e a neblina envolveu as árvores
adormecendo-as

olhar imemorial
a gorila acalenta o filhote
no âmago da selva

joãozinho-de-barro ciscando a calçada

　　　　manco
　　　　　　tranquilo
　　　　　　　　imperturbável

　　　　　　　　até o momento de voar

nas asas do silêncio
   nuvens navegam ao além
      ninfas do ar flutuando no azul

trilhando num mar de estrelas
uma garça pescando o sol
à procura de traíras

antes   durante   depois   dos sonhos

desenham-se constelações

imperceptíveis ao olhar

adormecido

o vento percorre as pitangueiras

as folhas colorem o vento

criando incógnitas harmonias

enroscados nos galhos da pitangueira
dormem dois gatinhos
sonhando com o amanhã

asas ao sol sobre fios de luz
brilha a alegria fugaz
das andorinhas

revolvido entre as grades do muro
um galho ressequido de pinheiro
rememora a primavera

radiantes
      os colares louros das palmeiras
           debruçam-se sobre a relva

as palavras não captam o pôr do sol
só as nuvens absorvem suas cores
e a palheta do pintor

o anoitecer das nuvens ilumina o azul

comovidos
os pinheiros sombrios as contemplam

irresistíveis ao vento
os salgueiros reverberam seu verdor
diante do dia

cerrando o horizonte
   um outono ruivo pousou
      nas folhas do caquizeiro

               luminoso e doce

natais de antanho

luzes   cantos   contos da infância

ressurgem

nas velas do amanhã

entre folhas sombrias e secas

jaz uma donzela dourada

aguardando

sua lenta

transformação

sempre assustada

a salamandra lança sua forma ínfima

sobre a calçada

estrelas estranhas rondam a noite

luzes

observando-nos do além

catando e descartando gravetos

a rola caminha sobre a relva

entre os seixos do jardim

pássaro de outono

a folha alçou voo

enrubescida

inspirando pinheiros azuis

a manhã se transforma

em paisagem

dorme o labrador

silencioso

um joão-de-barro saboreia a ração esquecida

Villa-Lobos

o canto do cisne negro

flutua triste

sobre o murmúrio das águas

ressabiados

os sabiás saboreiam fatias de mamão

à beira da calçada

bom dia!

aos varredores de calçadas

entregadores de revistas

caminhantes

comungantes

como todos nós

cativando a ausência

o silêncio do sabiá

assombra as árvores

LUZES NA SELVA

paciente
    a gota de chuva aguarda

        o tombar na relva

olhos fechados

        ouço o voo dos tiribas ao longe

                imaginados

                        apenas

ao encontro da madrugada

uma gota de orvalho hesita

ociosamente

entre o brilho do sol e a queda

o orvalho repousa nas folhas

do resedá rosa

aguardando o amanhecer

saltitantes

os sabiás procuram pitangas

cores e sabores envoltos em verdes

repousando entre chuvas-de-ouro

uma rola pensativa

contempla o jardim

entre hastes de grama

um joãozinho-de-barro à busca

de seus grãos de terra

a ventania levou as bougainvílleas

pétalas sobre a grama

agora fitando o sol

cumes brancos

as nuvens revolvem-se lentamente

ao além-mundo

das relvas da mente

surgem flores distraídas

trêmulas de alegria e saudade

continentes brancos

avançam sobre o azul

demarcando mares desconhecidos

através das grades do muro coberto de ervas

um joão-de-barro

cisca as migalhas da manhã

entre prédios

um pinheiro

resquício de planícies remotas

de um tempo verde perdido no espaço

de um espaço verde perdido no tempo

breve borboleta

à procura das flores que se foram

asas esvoaçando sobre pedras

não mais

de leve

dedos de outono douraram as árvores

prenunciando a passagem do verão

nuvens

espaços em convulsão

desfilam fantasmas no firmamento

infindas

nuvens em flor colorem o azul

pousando de pedra em pedra

o joão-de-barro cisca

impassível

seus grãos de terra

bandos de pássaros

lapidando o amanhecer

entre sons e silêncios

trepidante

a constatação do tempo

nas rugas de um rosto

sobre troncos decepados

cogumelos brancos em flor

despertam a paisagem

natais verdes de infância

afloram à memória

consagração de instantes distantes

que vêm

não em vão

pousadas entre chuvas-de-ouro

duas rolas contemplam as gotas de chuva

regando o jardim

abrindo as cortinas

as hortênsias me contemplam

em gradações infindas de rosa e azul

manhãs de domingo

sinos e nuvens embalam o céu

proclamando o dia

asas rutilantes ao vento

cachos de sol

os vinhedos marcham em fileiras infindas

ao longo das colinas

um jardim medieval circunda o castelo

abrigando sabores das ervas de antanho

alimentando olhares sôfregos

com histórias coloridas

dois corvos conversam

ciscando entre tufos da grama

os cedros observam seus passos

cessou a chuva

    rolas e andorinhas ensaiam as asas

           umedecidas

entre os sóis do gramado

passeiam joões-de-barro

pausadamente

vibrantes ao som dos sinos

os vitrais de Giacometti em cores incandescentes

erguem-se ao alto da nave

iluminando-nos

gôndolas brancas

os cisnes deslizam pelas águas

imagens fugazes sobre reflexos verdes

no alto da torre

um ninho de cegonhas

bicos e asas em ação

trazendo e levando o verão

haitianos varrendo a praia

mesma areia

mesmo mar

mesmo sol

ilha longínqua

    tuas ondas não atingem meu olhar

        apenas teus sonhos envolvidos em espumas

                ao sabor da brisa do mar

nuvens

ninféias dançando no espaço

ao capricho do vento

conchas
borboletas do mar

pousadas na praia

ondas leves

duas leves meninas

as ondas as levaram

vento

    ondas brancas descambando

        em praia azul

ler as árvores

ouvir suas histórias

descrever suas formas e cores

cinza sobre cinza

a rola pousada num galho inerte

aguarda o momento de voar

adormecida

reviro as páginas das horas
no sigilo da noite

horizonte

onde nuvens e ondas se encontram

inspiro a manhã

nuvens trespassando o horizonte

chopins em bando ciscando na grama

aroeiras ao vento
o joão-de-barro passeia na grama
    saltita o sabiá
          voa o bem-te-vi

asas rutilantes

o sol atravessou o voar das pombas

entremeou as pétalas dos crisântemos

criando novos olhares

tocadas pelo outono

as cerejeiras revelam cores

não imagináveis um verão atrás

entre prédios indiferentes

os pinheiros vicejam
esbeltos e verdes

eretos cactos verdes

flores solitárias

vigiam em fileiras o deserto

antes

durante

depois dos sonhos

os olhos desenham constelações

não vislumbradas

um instante atrás

mesmo mutilados

os pinheiros lançam seus braços ao alto

aguardando o sol

cinza sobre cinza

a rola pousada em galho inerte

aguarda o instante de voar

dormindo nas calçadas

sonham os cachorros de rua

sob as sombras das árvores

Mein Goldregen!
wie wohl Du Dich fühlst
unter dem Silber vom Morgentau...

Minha chuva-de-ouro!
    como te sentes bem
        sob o orvalho prateado da manhã...

das Abendgold der Wolken
beleuchtet das Blau
 gerührt
schauen die dunklen Tannen zu

O anoitecer-ouro das nuvens
 ilumina o azul
 comovidos
os pinheiros sombrios as observam

chopins em pautas de luz

inscrevem

asas e melodias

infindamente

São Pedro de Atacama

floresce o deserto

vigiados por nuvens e montanhas

espectros de pedra nos espiam

envoltos em cores e sonhos

Andes

onde neves e nuvens se encontram

adormecidas por um instante

cão e maloqueiro caminham
juntos
pelas calçadas do dia

da pausa imperceptível das nuvens

surgem visões entrecortadas de campos

até a brisa as levar adiante

sabiá

teu canto-paixão refulge constante

à beira da primavera

emergindo das nuvens

os Andes alastram suas neves pela paisagem

ondas brancas rebelando-se contra os cumes

rostos iluminados

os turistas contemplam o pôr-do-sol

e o perfume dos algarobos impregna o anoitecer

verdes, vermelhas, amarelas

as folhas de outono se contemplam

antes da queda

pena de pássaro pousada na grama

inscreve sua história

para quem a recolhe

as árvores de outono despojaram

primaveras nas calçadas

cobrindo-as de ouro

em sonhos

o deserto floresce em cores e pedras

até as montanhas rosadas ao longe

entre lágrimas de luz

as flores-de-quaresma

contemplam os passantes

insensíveis
indiferentes
distantes

sou um relógio

acordo o dia

adormeço a noite

chove

chovem as chuvas-de-ouro

matizando o jardim com brincos de luz

gritos na noite

transformam-se em sons

nas sombras da madrugada

verde clara

encabulada

a folha de costela-de-adão

hesita seu desenrolar em escuro verde

LUZES NA SELVA

num canto da vida

havia um pobre

sem nada a dizer

aos pés da aroeira

jaz um gambá

envolto em sonhos e sombras

imenso ipê rosa

espalha flores pelas calçadas

mesclando pedras

pétalas

cores

microscópicos canteiros

florescem entre as pedras da calçada

enlevando o olhar

das geleiras distantes

o rio do tempo corre branco

saltitando sobre as pedras dos anos

céu de inverno

os manacás da serra

ajoelham-se férteis

diante do sol

entre gotas de orvalho

e o gorjear dos pássaros

vicejam as andorinhas

nos árvores da manhã

lágrimas fecundas comovem a terra
e
entre muros tijolos calçadas

sobrevive o verde